创客小学堂之
小小机器人

胡泊 / 主编

东北师范大学出版社

长　春

图书在版编目（CIP）数据

创客小学堂之小小机器人 / 胡泊主编. —长春：
东北师范大学出版社，2020.12
ISBN 978-7-5681-7445-9

Ⅰ.①创… Ⅱ.①胡… Ⅲ.①机器人—制作—小学—
教学参考资料 Ⅳ.①G624.583

中国版本图书馆CIP数据核字（2020）第260949号

□责任编辑：王立娜　　　　□封面设计：言之凿
□责任校对：刘彦妮　张小娅　□责任印制：许　冰

东北师范大学出版社出版发行
长春净月经济开发区金宝街 118 号（邮政编码：130117）
电话：0431-84568115
网址：http://www.nenup.com
北京言之凿文化发展有限公司设计部制版
北京政采印刷服务有限公司印装
北京市中关村科技园区通州园金桥科技产业基地环科中路 17 号（邮编：101102）
2022年6月第1版　2022年6月第1次印刷
幅面尺寸：170mm×240mm　印张：8.5　字数：158千

定价：45.00元

编 委 会

主　编：胡　泊

编　委：朱忠清　柯苏秦　齐艺涵

目录

基础篇

1

进阶篇

附　录

基础篇

第一课　Hello Robot

一、奇妙世界

随着科技的不断发展，越来越多的智能机器人出现在我们身边，它们可以代替或者帮助我们完成一些工作任务。目前，很多行业的工作都可以通过智能机器人来完成，例如，扫地机器人可以帮助我们扫地，送餐机器人代替人工服务员送餐，搜救机器人帮助消防人员搜救受难人员，等等。

扫地机器人　　　　　　送餐机器人　　　　　　搜救机器人

图1-1　各种机器人

除了上面列举的机器人之外，你还见过哪些机器人？你想创造什么样的机器人呢？今天，我们就一起解开机器人的奥秘，创造属于自己的机器人。

课程目标

1. 了解机器人的结构。

2. 搭建机器人小车。

3. 控制机器人运动。

4. 帮助机器人完成任务挑战。

二、知识能量站

机器人的结构:

虽然智能机器人的种类千差万别,但其系统组成是一样的,通常都是由控制器、传感器、动力系统等部分构成。机器人通过传感器感知环境信息的变化,由中央处理器运算、处理,最后由输出装置完成特定的任务。本课我们以乐高为例,搭建机器人并完成相应任务。

图1-2 数据传输

1. 传感器

人们为了从外界获取信息,需要借助感觉器官。同样,如果想让机器人变得更智能化,像人一样看得见,摸得着,就需要给机器人添加传感器。机器人可以通过传感器获取外界环境信息,从而执行复杂的任务。LEGO EV3传感器有触碰传感器、超声波传感器等,如图1-3所示。

触碰传感器

超声波传感器

图1-3 LEGO EV3传感器

3

2. 控制器

控制器是机器人的核心部分，是机器人的大脑，它通过连接各种传感器获得信息，然后分析、处理，发出指令，控制机器人的各种运动。新一代LEGO EV3机器人的控制器如图1-4所示。

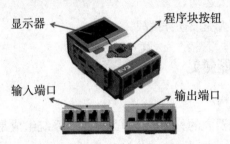

显示器　程序块按钮

输入端口　输出端口

图1-4　LEGO EV3控制器

（1）显示器

显示EV3控制器的内部进程，使人们能够使用控制器的界面。同时，编程或者实验时，在显示器上显示文本或者图形。

（2）程序块按钮

可以用来操作控制器的界面。

（3）输入端口

用于连接传感器，接收传感器收集到的信息。一共4个端口，分别编号1、2、3、4。

（4）输出端口

用于连接电机，输出指令，控制电机执行运动。一共4个端口，分别编号A、B、C、D。

3. 电　机

电机是机器人驱动系统的重要部件，通过控制电机的转数来控制机器人移动的距离和方向，以及控制机械臂的弯曲程度或者移动的距离等。LEGO EV3的电机有两种：大型电机和中型电机，如图1-5所示。

大型电机   中型电机

图1-5   LEGO EV3电机

三、机器人工厂

（一）机器人搭建

通过上面的学习，同学们对机器人应该有了大概的了解，现在就动起手来开始搭建属于你的第一个机器人吧。（参考机器人小车模型，如图1-6所示）

图1-6   机器人小车模型

（二）软件编程

搭建好机器人之后，我们需要对机器人下达指令，让它完成我们布置的任务。但是机器人听不懂我们人类的话语，我们需要用机器人能够理解的指令制定一套指令规则让机器人去执行，制定指令规则的过程就

5

是编程。

接下来，我们就一起编写程序，让刚刚搭建好的机器人动起来。首先，打开LEGO EV3的编程软件LEGO MINDSTORMS，如图1-7所示。

图1-7　LEGO MINDSTORMS图标

打开软件之后，选择界面左上角的"+"号，进入编程界面，如图1-8所示。

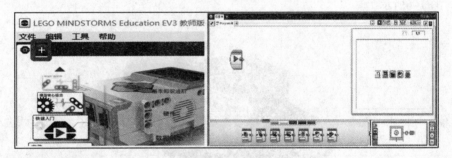

图1-8　LEGO MINDSTORMS界面

1. 开始指令

EV3开始指令的作用是告诉机器人程序指令从哪里开始执行，每个程序都必须有开始指令。在流程控制模块中，选择开始指令拖拽至代码区即可，如图1-9所示。

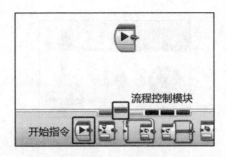

图1-9　开始指令

2. 大型电机控制指令

大型电机控制指令的作用是控制大型电机运动，存放在动作模块中。大型电机控制指令分为三种：大型电机指令、移动转向指令、移动槽指令，如图1-10所示。

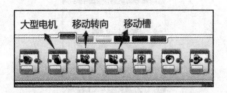

图1-10　控制指令

三种电机控制指令的控制方式不同，其中移动槽指令可以同时控制两个电机，并可独立调节每个电机的功率，如图1-11所示。

图1-11　移动槽指令

（1）电机端口

指令右上角是两个电机的端口编号，需要与机器人的电机接口——对应，如图1-12所示。

图1-12　电机端口

（2）电机功率

移动槽指令可以独立调节每个电机的功率，最大值为100。功率值大于0，电机正转；功率值小于0，电机反转。如图1-13所示。

图1-13　电机功率

（3）电机功能选项

移动槽指令还可以控制电机多种工作状态，如图1-14所示。

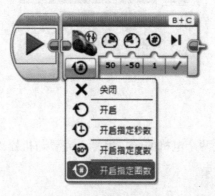

图1-14　电机功能选项

① 关闭：关闭电机。

② 开启：开启电机一次。

③ 开启指定秒数：开启电机运行指定的时间。

④ 开启指定度数：开启电机旋转指定的度数。

⑤ 开启指定圈数：开启电机运行指定的圈数。

四、任务大挑战

碰一下就走：

1. 场地设置

使用A场地（车库），如图1-15所示。在圆圈9中放置一个空可乐罐。

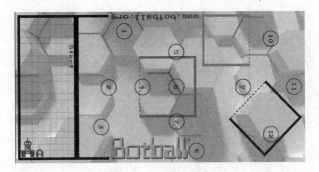

图1-15　A场地地图

2. 技能要求

机器人向前、向后移动，操作机器人每次按照相同的方式运行。

3. 完成目标

机器人驶向圆圈9中的空可乐罐，触碰空可乐罐后返回到起始区域即完成挑战。

4. 挑战规则

（1）必须确保机器人启动前的位置完全在启动线内侧的垂直投影之后。

（2）必须确保机器人的驱动轮完全离开启动区（越过并且不再触碰标示着启动区的黑线）。

（3）以看到可乐罐移动或是听到机器人触碰可乐罐发出声响作为判断依据。

（4）必须确保可乐罐不被推翻，且可乐罐的一部分必须仍然在圆圈中，否则参赛机器人该次挑战失败。

（5）当整个机器人在启动线的垂直投影内侧之后，挑战结束。

（6）机器人完全回到启动区后可自动停止或由选手手动停止。

第二课 舞 会

一、奇妙世界

随着社会的进步和生活水平的不断提高，人们对人工智能有了新的认识和更高的追求。跳舞机器人的诞生就满足了人们的很多需求，它不仅可以陪伴老人和小孩儿，还可以帮助孤独症患者摆脱疾病的困扰。

图2-1 跳舞机器人

今天，我们就一起搭建一个跳舞机器人，并设计一套舞蹈动作让它完成。

课程目标

1. 搭建跳舞机器人。

2. 完成任务大挑战。

二、知识能量站

跳舞机器人的组成：

跳舞机器人有一个可以移动的身体，组成身体的独立部件是由关节连接起来的，而机器人的关节是由驱动装置组成的。常见的驱动装置有电机、液压系统、气压系统等。我们用大型电机作为跳舞机器人双腿的驱动装置，用中型电机作为机器人手臂的驱动装置。

三、机器人工厂

（一）机器人搭建

参考机器人小车模型，如图2-2所示。

图2-2　机器人小车模型

（二）原地转弯

控制机器人的两个电机，一个正转，另一个反转，即可实现机器人原地转弯。程序如图2-3所示。

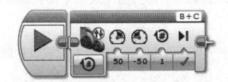

图2-3 机器人原地转弯程序

四、任务大挑战

机器人跳舞：

1. 场地设置

使用A场地（车库），如图2-4所示。

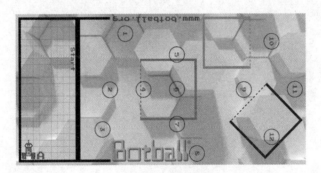

图2-4 A场地地图

2. 技能要求

用电机和舵机控制机器人移动。

3. 完成目标

机器人启动后离开启动区，完成设计动作。动作必须包含前进、后退，至少一次360°顺时针旋转和一次360°逆时针旋转，至少挥舞舵机臂一次。

4. 挑战规则

（1）必须确保机器人启动前的位置完全在启动线内侧的垂直投影之后。

（2）机器人必须离开启动区后才能开始完成设计舞步。舞步包括以下指定动作：

①至少完成一次360°顺时针旋转。

②至少完成一次360°逆时针旋转。

③必须完成前进动作。

④必须完成后退动作。

⑤必须挥舞舵机臂（上下挥舞至少一次）。

第三课　机械之手

一、奇妙世界

我们已经认识了很多智能机器人，如扫地机器人、送餐机器人、搜救机器人等。仔细观察这些机器人，我们会发现有些机器人有机械臂（如图3-1所示），有些机器人没有机械臂，有机械臂的机器人执行的任务往往要更复杂，更多样化。

搬运机器人

演奏机器人

炒菜机器人

图3-1　具有机械臂的机器人

上节课我们搭建的机器人完成了简单的前进、后退的任务，这节课我们将改装我们的机器人，给它安装机械臂，让它完成更复杂的任务。

课程目标

1. 搭建具有简单机械臂的机器人。

2. 控制机械臂运动。

3. 学习中型电机的控制方式。

4. 了解中型电机和大型电机的区别。

二、知识能量站

（一）机械臂的控制原理

机械臂的运动是由机械臂上的舵机来控制的，控制不同位置的舵机运动就可以让机械臂做不同的动作。机械臂上的舵机越多，能完成的任务就越复杂。

四轴机械臂　　　　　　　　　　六轴机械臂

图3-2　机械臂

（二）大型电机和中型电机

1. 大型电机

内置转速传感器，分辨率高，可实现精确控制。大型电机每分钟转速为160—170转，旋转扭矩为20 Ncm，失速扭矩为40 Ncm（更慢，但更强劲）。如图3-3所示。

图3-3　大型电机

2. 中型电机

内置转速传感器，比大型电机更小更轻，比大型电机反应更迅速。

中型电机每分钟转速为240—250转，旋转扭矩为8 Ncm，失速扭矩为12 Ncm（更快，但力量弱一些）。如图3-4所示。

图3-4　中型电机

三、机器人工厂

（一）机器人搭建

在上节课搭建的机器人的基础上添加机器人手臂。参考机器人小车模型，如图3-5所示。

图3-5　机器人小车模型

（二）软件编程

中型电机控制

中型电机的控制指令在动作模块中，并且只有一个控制指令，拖动中型电机控制指令至开始指令之后。如图3-6所示。

图3-6　中型电机控制指令

（1）电机端口

指令右上角是中型电机的端口编号，需要与机器人的中型电机接口
一一对应，如图3-7所示。

图3-7　电机端口

（2）电机功率

中型电机控制指令可以调节中型电机的工作功率，最大值为100。功
率值大于0，电机正转；功率值小于0，电机反转。如图3-8所示。

图3-8　电机功率

（3）电机功能选项

中型电机控制指令还可以控制中型电机多种工作状态，如图3-9所示。

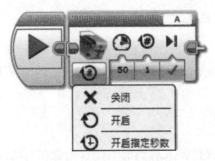

图3-9 中型电机功能选项

① 关闭：关闭电机。

② 开启：开启电机一次。

③ 开启指定秒数：开启电机运行指定的时间。

④ 开启指定度数：开启电机旋转指定的度数。

⑤ 开启指定圈数：开启电机运行指定的圈数。

四、任务大挑战

单枪匹马：

1. 场地设置

使用B场地（跑道），如图3-10所示。在"Line B"和"Botball"中间放一个空可乐罐。

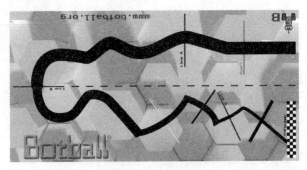

图3-10 B场地地图

2. 技能要求

控制机器人走直线，使用机械臂击倒可乐罐。

3. 完成目标

控制机器人移动至场地尽头且不触碰虚线的情况下使用机械臂击倒可乐罐。

4. 挑战规则

（1）必须确保机器人启动前的位置完全在启动线内侧的垂直投影之后。

（2）一旦机器人的所有驱动轮离开场地，则停止计时。

（3）机器人的驱动轮不能触碰虚线。

第四课 转 弯

一、奇妙世界

前面的课程中，我们让机器人具有了直线前进、后退的功能，但在现实生活中，我们行走的路线并不全是直线，在行走的过程中也会有许多障碍物挡在前进的路线上，所以需要经常转弯才能到达目的地。同样，机器人如果要完成复杂路线的行走任务必须要有转弯的功能。

图4-1 会转弯的机器人

那机器人如何转弯呢？这节课我们就一起学习如何让机器人实现转弯的功能。

📖 课程目标

1. 搭建机器人小车。

2. 学会小车转弯的原理。

3. 实现小车转弯的功能。

4. 完成任务大挑战。

二、知识能量站

机器人小车转弯的原理：

机器人小车保持直线行走是因为小车的两个轮子速度一样，当机器人小车两个轮子的速度不一样的时候，小车将发生偏转。如果左轮的速度大于右轮的速度，小车将向右偏转，同理，如果右轮的速度大于左轮的速度，小车将向左偏转。两个轮子的速度差越大，转弯的幅度越大。所以，如果想让机器人小车转弯，只需控制两个轮子的速度不一样即可。

三、机器人工厂

1. 机器人搭建

搭建机器人小车。参考机器人小车模型，如图4-2所示。

图4-2　机器人小车模型

2. 软件编程

小车转弯控制程序：

点击移动槽指令，拖拽至开始模块后面，如图4-3所示。

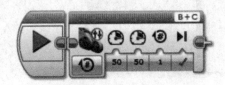

图4-3　移动槽指令

修改两边电机的功率，使电机功率不同，如图4-4所示。

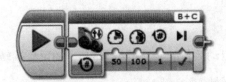

图4-4　修改电机功率

设置电机工作指定的圈数，让机器人小车转一定幅度的弯，如图
4-5所示。

图4-5　设置电机工作指定的圈数

四、任务大挑战

绕罐旋转：

1. 场地设置

使用A场地（车库），如图4-6所示。在圆圈6中放置一个空可乐罐。

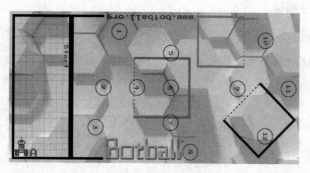

图4-6　A场地地图

2. 技能要求

学习如何转向。

3. 完成目标

机器人小车启动后行驶，并围绕圆圈6中的可乐罐转半圈，最后从另一侧返回到起始区域。

4. 挑战规则

（1）必须确保机器人小车启动前的位置完全在启动线内侧的垂直投影之后。

（2）机器人小车在绕可乐罐转圈时可以碰触可乐罐，但必须确保可乐罐不被推翻，且可乐罐的一部分必须仍然在圆圈中，否则参赛机器人小车该次挑战失败。

（3）当机器人小车整个机身全部在启动线的垂直投影内侧之后，挑战结束。

第五课　连续过弯

一、奇妙世界

我们经常在电视上看到各种赛车比赛，比如F1、达喀尔拉力赛等。这些比赛的赛道千回百转，每个参加比赛的赛车手必须具备顶尖的驾驶技术和心理素质，才能完成艰难的比赛任务，而如何安全快速地经过连续转弯的路段是每个赛车手最大的难题。

图5-1　赛车跑道

当机器人小车遇到复杂弯道的时候，到底会遇到哪些问题呢？我们又怎样去解决问题呢？这节课我们就让机器人小车去执行更复杂的转弯任务，学习机器人小车转弯时的技巧。

📖 **课程目标**

1. 搭建机器人小车。
2. 学习小车转弯的技巧。
3. 完成任务大挑战。

二、知识能量站

离心力：

当物体做圆周运动的时候会受到惯性的作用，从而使运动的物体远离运动轨迹的中心点，我们把这种现象称为离心运动，把这种虚拟的惯性力称为离心力。在现实生活中，我们常常看到离心运动的现象，例如，下雨天，我们转动雨伞时会有水珠飞出去；公园中的旋转飞椅也是因为离心力的作用在高速旋转中飞起来。如图5-2所示。

图5-2 离心运动

当小车转弯的时候也会受到离心力的作用，并且离心力的大小和小车的速度以及弯道的半径有关。小车的速度越大，离心力越大；弯道的半径越小，小车的离心力越大。当小车的离心力过大的时候，小车会偏离轨道或者发生侧翻，所以小车在过弯道的时候速度不要太快。

三、机器人工厂

机器人搭建：

搭建机器人小车。参考机器人小车模型，如图5-3所示。

图5-3 机器人小车模型

四、任务大挑战

走"8"字：

1. 场地设置

使用A场地（车库），如图5-4所示。在圆圈4和圆圈9中分别放置一个空可乐罐。

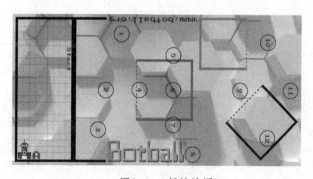

图5-4 A场地地图

2. 技能要求

精准地控制机器人小车移动，重复动作。

3. 完成目标

机器人小车将走一个"8"字，在可乐罐之间穿行，并回到启动线后。

4. 挑战规则

（1）必须确保机器人小车启动前的位置完全在启动线内侧的垂直投影之后。

（2）机器人小车需要在4号可乐罐和9号可乐罐之间穿行两次并返回启动线之后。

（3）必须确保可乐罐不被推翻，且可乐罐的一部分必须仍然在圆圈中，否则参赛机器人小车该次的运行无效。

第六课　停车入库

一、奇妙世界

同学们一定看过汽车停车入库的场景，停车入库是司机必备的一项技能，也是驾照考试中必考的一项内容，它需要司机对汽车有很高的熟练度，能够驾驶汽车到精确的位置，防止汽车碰到周围的障碍物。其实机器人在执行复杂任务的时候也需要很高的精准度，机器人的精准度决定了任务的成功率。

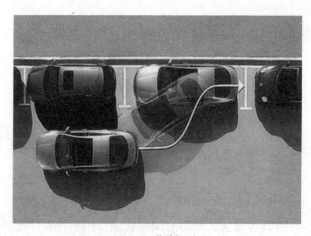

图6-1　停车入库

怎么实现机器人的高精准度控制呢？机器人的精准度需要我们依靠机器人运动参数的不断调试来提升。本节课我们就让机器人小车模拟停

车入库的情形，实现对机器人小车的准确控制。

课程目标

1. 搭建机器人小车。

2. 控制机器人小车精准移动。

3. 学习延时指令。

4. 完成任务大挑战。

二、知识能量站

程序控制：

等待指令

等待指令的作用是程序在继续执行下一个模块之前等待某种事件发生，可以等待特定时间，等待传感器达到特定的值，或者等待传感器的值发生变化。等待指令不会使机器人停止，而是让机器人保持等待之前的状态。

在流程控制模块中，选择等待指令拖拽至开始模块之后，如图6-2所示。

图6-2　等待指令

（1）时间模式

等待指令有许多模式，等待时间模式的作用是让程序在等待指定的时间之后再执行下一条指令。如图6-3所示。

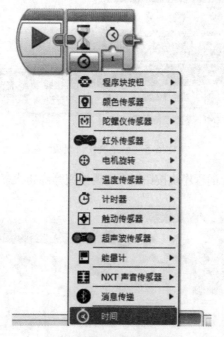

图6-3　等待指令功能选项

选择等待时间模式之后，可以输入等待的时间数，如图6-4所示。

图6-4　时间输入框

（2）程序块按钮模式

等待模块中程序块按钮模式的作用是让程序等待程序块受到按压、松开或触碰之后再执行下一条指令。选择等待模块的程序块模式，再选择比较模式，如图6-5所示。

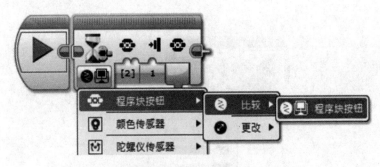

图6-5　程序块按钮选项

然后选择对应的程序块按钮以及需要按钮等待的状态，如图6-6所示。

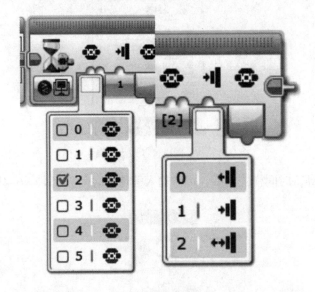

图6-6　程序块按钮状态

三、机器人工厂

机器人搭建：

搭建机器人小车。参考机器人小车模型，如图6-7所示。

图6-7 机器人小车模型

四、任务大挑战

精确停靠:

1. 场地设置

使用A场地（车库），如图6-8所示。

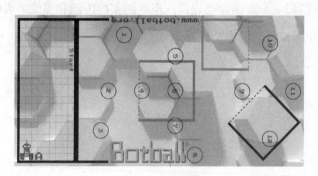

图6-8 A场地地图

2. 技能要求

学习如何精确转向和移动，掌握等待程序块按钮的使用，依次停泊进入甲、乙、丙三个车库，每在车库中停泊一次，可将机器人小车拿回启动区重新出发。

3. 完成目标

机器人小车在保证不触碰三根实线组成的车库和停靠站点的前提下驶向乙车库。每次行驶只允许停泊在一个车库中。参赛选手的机器人小车在五分钟内成功停靠全部三个车库则完成此项挑战。

4. 挑战规则

（1）必须确保机器人小车启动前的位置完全在启动线内侧的垂直投影之后。

（2）必须在机器人小车启动前就宣告计划停泊的预选车库，每次行驶只能尝试进入一个车库。

（3）必须确保机器人小车不触碰由三根实线组成（标示）的预选车库的三边（以机器人小车与地面接触部分为准），可以越过（但不能触碰）所选车库三边实线的垂直投影，也可以越过所选车库的虚线，允许触碰非预选车库的实线边。

（4）机器人小车的驱动轮进入车库的实线内侧和虚线组成的范围内并自动停止时被认为已完全停靠。

第七课　路径规划

一、奇妙世界

随着电商行业的发展，网购给我们的生活带来了很多方便，足不出户就可以购买到自己想要的商品，而其中一个重要的环节就是货物配送，但目前快递员配送的效率不高，并且人工成本很高，所以很多物流公司开发了配送机器人，它可以代替快递员送货上门。配送机器人之所以能够准确地将货物送到顾客的手中，是因为用到了一项不可缺少的技术——路径规划技术。

图7-1　配送机器人

路径规划到底怎么实现呢？这节课我们就一起让EV3机器人模拟配

送机器人，给它规划路线，并让它按照规划路线完成任务。

课程目标

1. 了解路径规划。

2. 搭建机器人小车。

3. 完成任务大挑战。

二、知识能量站

1. 路径规划

路径规划是运动规划的主要研究内容之一。运动规划由路径规划和轨迹规划组成，连接起点位置和终点位置的序列点或曲线称为路径，构成路径的策略称为路径规划。最简单的路径规划就是提前获取目的地的位置信息，根据位置信息规划好小车路线，然后让小车按照事先规划的路径到达目的地。

2. 直角转弯

之前的课程我们已经学习了如何前进转弯，现在我们来学习另一种转弯方式——直角转弯，它是靠一个电机不动、另一个电机前进实现的。我们可以通过移动槽指令实现，也可以通过单个大型电机指令实现。程序图如7-2所示。

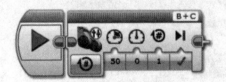
移动槽控制直角转弯

大型电机控制直角转弯

图7-2　控制电机直角转弯

三、机器人工厂

机器人搭建：

搭建机器人小车。参考机器人小车模型，如图7-3所示。

图7-3　机器人小车模型

四、任务大挑战

蛇形走位：

1. 场地设置

使用A场地（车库），如图7-4所示。

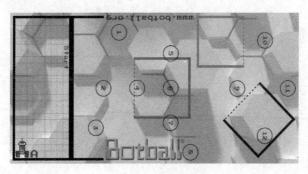

图7-4　A场地地图

2. 技能要求

机器人小车精确转弯，包括锐角弯和钝角弯。

3. 完成目标

机器人小车行驶在跑道上，至少保证有一个驱动轮按照数字顺序依次触碰1至8号圆圈。

4. 挑战规则

（1）必须确保机器人小车启动前的位置完全在启动线内侧的垂直投影之后。

（2）必须确保机器人小车按照正确的数字顺序并至少保证有一个驱动轮触碰相应的圆圈。

（3）机器人小车驱动轮触碰最后一个圆圈（即圆圈8）时挑战结束。

第八课 智能搬运（一）

一、奇妙世界

随着工业4.0的迅速发展，智能搬运机器人在工业中越来越常见，特别是在智能物流和智能仓库中应用非常广泛，它可以自动搬运货物到指定的地方，大大提高了运输的效率。

图8-1 搬运机器人

这节课我们学习控制EV3机器人模拟智能工厂中智能搬运机器人搬运货物入库的场景。

1. 搭建搬运机器人小车。

2. 完成任务大挑战。

二、知识能量站

工业4.0：

所谓工业4.0（Industry4.0）是基于工业发展的不同阶段做出的划分。按照目前的共识，工业1.0是蒸汽机时代，工业2.0是电气化时代，工业3.0是信息化时代，工业4.0是利用信息化技术促进产业变革的时代，也就是智能化时代。

三、机器人工厂

机器人搭建：

搭建机器人小车。参考机器人小车模型，如图8-2所示。

图8-2 机器人小车模型

四、任务大挑战

智能入库：

1. 场地设置

使用A场地（车库），如图8-3所示。在圆圈2、圆圈9和圆圈10中分别放置一个空可乐罐。

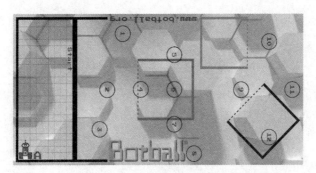

图8-3　A场地地图

2. 技能要求

机器人精确驾驶，并精确使用操作装置来推动可乐罐。

3. 完成目标

机器人小车需要将车库前的每一个可乐罐推入车库内。具体来说，将圆圈2中的可乐罐推入甲车库，将圆圈9中的可乐罐推入丙车库，将圆圈10中的可乐罐推入乙车库，要求所有的推罐入库必须在单次计时内完成。

4. 挑战规则

（1）必须确保机器人小车启动前的位置完全在启动线内侧的垂直投影之后。

（2）每推完一个可乐罐，选手将机器人小车拿回启动区重新开始推下一个可乐罐。

（3）必须确保可乐罐不被推翻，且可乐罐的一部分必须仍然保持在标示车库的实线和虚线里侧并触碰场地表面，否则不计入运行完成。

（4）当最后的可乐罐停止运动时挑战结束。

（5）机器人小车在计时结束后可以与可乐罐有接触。

第九课　智能搬运（二）

一、奇妙世界

上节课我们用机器人小车模拟了智能工厂中小车自动搬运货物入库的场景，其实整个智能工程流水中不只有货物入库的过程，还有货物出库的过程，同样可以用智能小车来完成出货的任务。

图9-1　智能小车搬运货物出库

今天我们学习控制EV3机器人模拟智能小车搬运货物出库的过程。

课程目标

1.搭建搬运机器人小车。

2.完成任务大挑战。

二、机器人工厂

机器人搭建：

搭建机器人小车。参考机器人小车模型，如图9-2所示。

图9-2　机器人小车模型

三、任务大挑战

智能出库：

1. 场地设置

使用A场地（车库），如图9-3所示。在甲、乙、丙三个车库中分别放置一个空可乐罐。

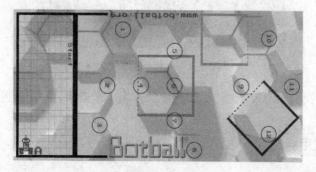

图9-3　A场地地图

2. 技能要求

机器人精确驾驶，并精确使用操作装置来推动可乐罐。

3. 完成目标

机器人小车需要将车库中的每一个可乐罐取出。具体来说，将甲车库中的可乐罐取出并放到圆圈2中，将丙车库中的可乐罐取出放到圆圈9中，将乙车库中的可乐罐取出放到圆圈10中，要求所有的取罐动作必须在单次计时内完成。

4. 挑战规则

（1）必须确保机器人小车启动前的位置完全在启动线内侧的垂直投影之后。

（2）可乐罐需要在机器人小车启动前放置到车库中。

（3）必须确保可乐罐不被推翻，且可乐罐的一部分必须接触场地表面，否则不计入该次运行的分数。

（4）机器人小车在计时结束后可以与可乐罐接触。

第十课　机械爪

一、奇妙世界

随着智能机器人技术的不断发展，用机器人取代人工操作受到多个领域的广泛关注并加以应用。机械爪是机器人的重要组成部分，其功能类似人手。机器人的机械爪决定了机器人的应用范畴，机械爪的研究也是目前工业机器人需要突破的难题。

图10-1　机械爪

你知道的机械爪有哪些类型呢？这些机械爪是怎么工作的呢？这节课我们就一起为EV3机器人做一个机械爪并控制它完成任务。

📖 课程目标

1. 搭建机械爪。

2. 搭建机器人。

3. 完成任务大挑战。

二、知识能量站

机械爪的类型：

根据手爪数量划分，有两爪、三爪、四爪或者更多爪的机械爪；根据抓取方式划分，有外卡式机械爪和内撑式机械爪；根据结构形式划分，有平行结构机械爪、齿轮齿条机械爪、柔性自适应机械爪、仿生机械爪等。

两爪机械爪　　　　三爪机械爪

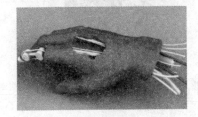

仿生机械爪

图10-2　各种机械爪

三、机器人工厂

1. 机械爪搭建

参考机械爪模型，如图10-3所示。

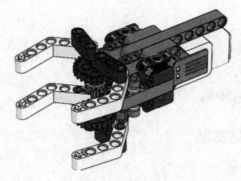

图10-3 机械爪模型

2. 机器人搭建

参考机器人小车模型，如图10-4所示。

图10-4 机器人小车模型

四、任务大挑战

疯狂推罐子：

1. 场地设置

使用A场地（车库），如图10-5所示。在每一个标号的圆圈中放置一个空可乐罐（共需12个可乐罐）。

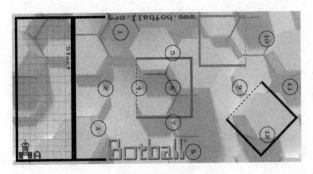

图10-5　A场地地图

2. 技能要求

机器人精确驾驶，精确操作（如手抓等）。

3. 完成目标

机器人在单次运行中运回场地上的12个可乐罐。

4. 基本规则

（1）所有机器人必须是自主（不允许使用遥控器、无线通信或者在机器人开始运行之后触碰机器人）完成任务。

（2）机器人在比赛途中可以驶出场地纸。场地纸外的表面规格（包括尺寸、地毯等）会在各地方赛事的页面上详细列出。

5. 挑战规则

（1）必须确保机器人小车启动前的位置完全在启动线内侧的垂直投影之后。

（2）必须确保机器人小车的驱动轮已完全离开启动区（已越过并且不再接触标示着启动区的黑线）。

（3）必须确保可乐罐不被推翻，且可乐罐的一部分必须仍然保持在跑道表面及启动线后，否则该次挑战失败。

（4）机器人小车在该回合比赛结束后可与可乐罐接触。

进阶篇

第十一课　雷达小车

一、奇妙世界

随着人们生活水平的提高，越来越多的人购买了汽车，汽车行业也因此迅速发展，人们对汽车设计的要求也越来越高，特别是汽车的安全系统。在现在的汽车安全配置中出现了一个非常人性化的高科技配置，并且已经广泛应用于家用汽车上，那就是雷达刹车系统，当汽车的雷达系统检测到前后方有障碍物时会马上刹车。

图11-1　汽车雷达系统

这是如何实现的呢？这节课我们就用EV3机器人来实现这一神奇的功能。

课程目标

1. 搭建雷达小车。

2. 学习超声波传感器。

3. 帮助机器人完成任务挑战。

二、知识能量站

超声波传感器：

超声波传感器是一种数字传感器，可以测量与前面物体的距离。它是通过发射高频声波并测量声波被反射回传感器时所需要的时间来完成任务的。超声波的音频很高，人耳听不到。

乐高的超声波传感器测量距离可以用英寸或厘米表示。使用厘米单位时，可检测到的距离范围是3—250厘米，误差为正负1厘米。

图11-2　超声波传感器

三、机器人工厂

（一）机器人搭建

雷达机器人小车参考模型，如图11-3所示。

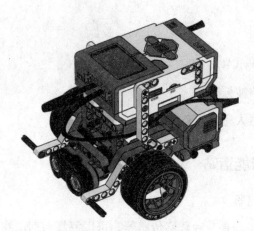

图11-3　机器人小车模型

（二）软件编程

循环指令的作用是重复执行程序中的某一段指令。循环指令可以分为无限循环、有限次数循环、条件循环三种模式。在流程控制模块中，拖动循环指令至开始模块后面，如图11-4所示。

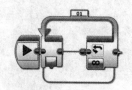

图11-4　循环指令

1. 无限循环

在无限循环模式中，循环内的指令会不断重复执行，循环之后的指令永远执行不到。如图11-5所示。

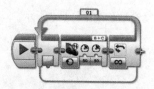

图11-5　无限循环指令

2. 条件循环

条件循环的作用是在某一个条件成立之前将不断重复执行循环内部的指令，条件成立之后将终止循环指令，继续执行循环之后的指令。我们以超声波传感器检测距离小于10厘米为条件举例，选择循环指令的超声波传感器模式，再选择厘米，如图11-6所示。

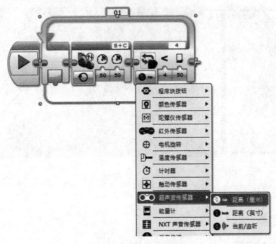

图11-6　条件循环

检查右上角的端口序号是否对应，最后修改阈值为10，如图11-7所示。

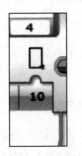

图11-7　修改阈值

四、任务大挑战

自动刹车：

1. 场地设置

使用A场地（车库），如图11-8所示。准备一包A4纸（约500张）。

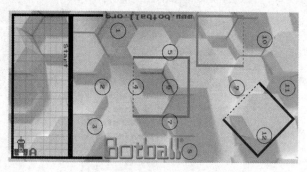

图11-8　A场地地图

2. 技能要求

使用距离传感器，控制机器人在障碍物前停下。

3. 完成目标

在两次运行中，机器人需要检测场地上随机放置的纸包，并在距纸包10.8厘米（长边的一半）的范围内停止。

4. 挑战规则

（1）必须确保机器人启动前的位置完全在启动线内侧的垂直投影之后。

（2）选手将机器人放置到启动区后，裁判将纸包随机放到4号、6号、9号或者11号圆圈上（长边平行于启动区）。

（3）放完纸包，选手启动机器人（此时不得选择程序或者改变机器人结构）。

（4）停止后，机器人的任何一部分不得与纸包接触。

第十二课　AGV小车

一、奇妙世界

随着工业技术的进步发展，AGV小车在工业中应用得越来越广泛。
AGV小车又称自动导航小车，装有电磁或光学等自动导引装置，能够沿
规定的导引路径行驶，是具有安全保护以及各种移载功能的运输车，是
工业应用中不需驾驶员的搬运车，以可充电的蓄电池为动力来源。

图12-1　AGV小车

AGV小车是如何实现自动导航的呢？这节课我们就用EV3机器人来
模拟AGV小车的自动导航功能。

📖 课程目标

1. 搭建AGV小车。

2. 学习光电传感器。

3. 帮助机器人完成任务挑战。

二、知识能量站

光电传感器：

光电传感器的使用范围很广，有最简单的光敏电阻，即光强度的大小改变电阻的阻值，实现对光强度的感知；也有目前最复杂的摄像头。机器人可以通过光电传感器识别环境光强度、颜色以及与物体的距离等参数。

EV3的光电传感器有三种功能，测量物体颜色、环境光强度、反射光强度。如图12-2所示。

图12-2　光电传感器

三、机器人工厂

（一）机器人搭建

雷达机器人小车参考模型，如图12-3所示。

图12-3　机器人小车模型

（二）软件编程

1. 变量

变量指令的作用是在程序中存储数据。每个变量都有名字，不同变量的名字不能一样。我们可以对一个变量进行读操作和写操作，读操作就是获取变量里的数据，写操作就是修改变量里的数据。在高级模块中，选择变量指令托至代码区，如图12-4所示。

图12-4　变量指令

点击变量指令右上角端口定义变量名，如图12-5所示。

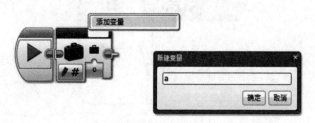

图12-5　定义变量名

2. 颜色传感器指令

颜色传感器指令可以通过颜色传感器测量环境光强度、反射光强度、颜色值。今天，我们学习测量反射光强度。如图12-6所示。

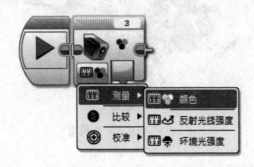

图12-6　颜色传感器指令

3. 切换指令

切换指令是一种判断选择结构，它可以让程序判断两种或者多种条件，然后选择其中符合条件的指令执行，并继续执行切换之后的程序。切换指令在流程控制模块中，如图12-7所示。

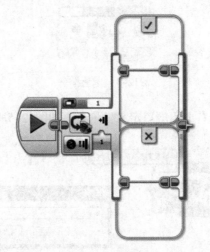

图12-7　切换指令

四、任务大挑战

沿着线走：

1. 场地设置

使用B场地（跑道），如图12-8所示。

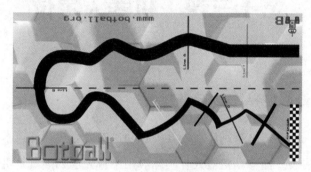

图12-8　B场地地图

2. 技能要求

学习使用反射传感器。

3. 完成目标

让机器人沿着黑线从开始走到终点。

4. 挑战规则

（1）必须确保机器人启动前的位置完全在启动线内侧的垂直投影之后。

（2）机器人必须巡线行走。不允许机器人不利用传感器行走，否则视为犯规。如果裁判员认为机器人没有巡线行走，则该裁判员可立即查看相应机器人的代码进行检查。

（3）当所有的驱动轮触碰Line A、Line B、Line C或Line D时，这些线条才被计入被触碰的一列。

第十三课　机器人定位

一、奇妙世界

　　机器人的应用越来越广泛，其中移动机器人是机器人技术实用化、普及化的代表。而移动机器人在实际应用中首先遇到的就是机器人本身的定位问题，即移动机器人根据各种信息判断自身与环境的相对位置和姿态的问题。在很多实际应用中，机器人的位置信息是完成各种任务的前提。机器人定位其实就是让机器人明白自己在哪里，然后做相应的动作。

图13-1　机器人定位

　　机器人是如何实现定位的呢？定位的方式有哪些呢？这节课我们就一起用EV3机器人实现定位功能并完成任务。

![课程目标]

1. 搭建机器人小车。

2. 学习电机传感器。

3. 帮助机器人完成任务挑战。

二、知识能量站

位置和姿态传感器：

机器人的定位功能可以根据多种技术来实现，比如视觉定位、红外线定位、GPS定位等。这节课我们学习使用位置和姿态传感器定位EV3机器人的位置。

位置传感器和姿态传感器可以在机器人移动的时候实时反馈机器人的位置和姿态，常用的位置和姿态传感器有光电编码器。在EV3的电机中含有光电编码器，通过编码器可以知道电机转动的圈数和度数，从而算出机器人的位置和姿态。每个EV3电机内置的光电编码器可以将测量精度精确到1度，再依靠传感器所定的方向来确定是正向旋转还是反向旋转。

图13-2　EV3电机

三、机器人工厂

1. 机器人搭建

雷达机器人小车参考模型，如图13-3所示。

图13-3　机器人小车模型

2. 软件编程

电机旋转指令：

电机旋转指令的作用是根据电机内置的角度传感器获取电机旋转的数据。在传感器模块中，拖拽电机旋转指令至代码区。如图13-4所示。

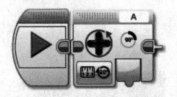

图13-4　电机旋转指令

我们可以通过电机旋转指令获取电机旋转的圈数，如图13-5所示。

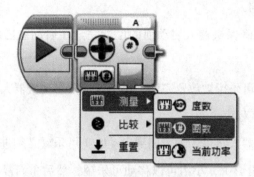

图13-5 测量电机旋转圈数

四、任务大挑战

定位并带回可乐罐:

1. 场地设置

使用A场地,如图13-6所示。在圆圈2、圆圈6或圆圈11中分别放置一个空可乐罐。

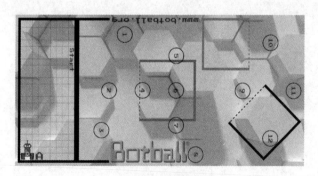

图13-6 A场地地图

2. 技能要求

机器人精确驾驶,精确使用传感器。

3. 完成目标

机器人启动后行走,(利用传感器)探测可乐罐,然后将其带到启动区中。

4. 挑战规则

（1）必须确保机器人启动前的位置完全在启动线内侧的垂直投影之后。

（2）一旦可乐罐被放置完毕，小组就可以启动机器人了（但小组不可以在此时改变程序）。

（3）若机器人将可乐罐带回到启动区（可乐罐必须进入启动线内外侧边界的垂直投影），小组可以移动可乐罐，然后重新复位机器人开始另一次运行。

第十四课　搜集机器人

一、奇妙世界

在国际乒乓球运动赛事中，我国的运动员屡次创下佳绩。中国乒乓球能够取得很好的成绩离不开运动员背后的刻苦训练，而乒乓球搜集机器人的出现大大提高了运动员的训练效率，它可以帮助运动员收回乒乓球，减少了无效的训练，让运动员取得更好的成绩。

图14-1　乒乓球搜集机器人

乒乓球搜集机器人的功能是怎么实现的呢？它还可以在哪些地方应用呢？这节课我们就用EV3机器人模拟搜集机器人搜集物体的过程。

📖 课程目标

1. 搭建搜集机器人。

2. 帮助机器人完成任务挑战。

二、机器人工厂

机器人搭建：

搜集机器人参考模型，如图14-2所示。

图14-2　机器人小车模型

三、任务大挑战

搜集可乐罐：

1. 场地设置

使用A场地（车库），如图14-3所示。在圆圈2、圆圈5、圆圈8、圆圈10和圆圈11上各放一个空可乐罐。

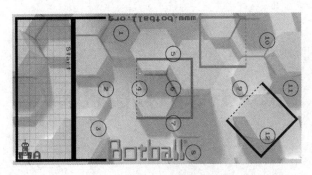

图14-3　A场地地图

2. 技能要求

机器人精确驾驶，并精确使用操作舵机。

3. 完成目标

机器人需要将可乐罐都收集到同一个车库中。

4. 挑战规则

（1）必须确保机器人启动前的位置完全在启动线内侧的垂直投影之后。

（2）单次计时内，每次机器人离开启动区前，必须宣告他们打算将可乐罐推入哪一个车库。

（3）必须确保可乐罐不被推翻，且可乐罐的一部分必须仍然保持在标示车库的实线和虚线里侧并触碰场地表面，否则挑战失败。

第十五课 救援机器人

一、奇妙世界

目前，地震、泥石流等频繁发生，许多人在灾难发生后因得不到及时救援而丧失生命，而救援机器人的开发为灾后救援搭建了平台，救援机器人在灾难救援中得到了广泛的应用。

图15-1 灾难救援机器人

这节课我们就用EV3机器人模拟灾难机器人救援的过程。

1. 搭建救援机器人。

2. 帮助机器人完成任务挑战。

二、机器人工厂

机器人搭建：

救援机器人参考模型，如图15-2所示。

图15-2　机器人小车模型

三、任务大挑战

山体救援：

1. 场地设置

使用A场地（车库），如图15-3所示。在丙车库里侧放置一包标准
A4复印纸，使其接触车库的后边缘实线，并且覆盖过虚线延伸。将三个
空可乐罐放置在纸平台上面。

2. 技能要求

机器人精确驾驶，利用两个伺服驱动器来操作装置。

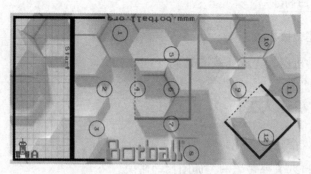

图15-3　A场地地图

3. 完成目标

机器人将三个可乐罐从平台上取走，然后将其带到启动区中。

4. 基本规则

（1）所有的机器人必须自主运行，不允许使用遥控器、无线通信或者在机器人开始运行之后触碰机器人。

（2）机器人在比赛途中可以驶出场地纸。场地纸外的表面规格（包括尺寸、地毯等）会在各地方赛事的页面上详细列出。

（3）在比赛过程中的任何一次机器人运行中，一旦参赛小组碰触机器人则该次运行无效。在五分钟内，选手可多次重新开始本次挑战。

5. 挑战规则

（1）必须确保机器人启动前的位置完全在启动线内侧的垂直投影之后。

（2）在机器人开始行走前，参赛选手就将三个可乐罐放置在事先准备的纸包上面。

（3）可乐罐只有直立放置且接触平台的表面，而非垫子、胶带或者地板的表面才视为被放置在平台上方。

（4）可乐罐被放置到启动区需要触碰启动区表面。

第十六课　机器人叠罗汉

一、奇妙世界

叠罗汉是一种著名的体育游戏，由多人层层叠成各种样式。古代由多层盘腿而坐的罗汉组成造型，故名为"叠罗汉"，后逐渐发展演变为多种技巧造型。一般常出现于马戏团特技表演、啦啦队表演以及舞蹈等表演中。

图16-1　叠罗汉

这节课我们就用EV3机器人来完成叠罗汉的任务，探索在完成任务的过程中需要注意哪些细节。

1. 搭建机器人。

2. 帮助机器人完成任务挑战。

二、机器人工厂

机器人搭建：

救援机器人参考模型，如图16-2所示。

图16-2 机器人小车模型

三、任务大挑战

叠罗汉：

1. 场地设置

使用A场地（车库），如图16-3所示。在5号和7号圈中分别放置一个空可乐罐。

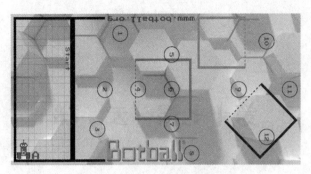

图16-3　A场地地图

2. 完成目标

机器人将一个可乐罐叠放到另一个可乐罐上。

3. 基本规则

（1）所有的机器人都必须自主运行，不允许使用遥控器、无线通信或者在机器人开始运行之后触碰机器人。

（2）机器人在比赛途中可以驶出场地纸。场地纸外的表面规格（包括尺寸、地毯等）会在各地方赛事的页面上详细列出。

4. 挑战规则

（1）必须确保机器人启动前的位置完全在启动线内侧的垂直投影之后。

（2）机器人的驱动轮必须完全离开启动区（越过并且与启动区的黑线没有接触）。

（3）上面可乐罐的底部与下面可乐罐的顶部接触（不能侧面接触）。

第十七课 云 梯

一、奇妙世界

云梯在古代属于战争器械,用于攀越城墙攻城。现代人通过技术改进,用锰钢和铝合金代替制作云梯的原材料,生产出现在的剪叉式升降机和铝合金升降平台,外形美观,移动方便,安装快捷,安全性能高,广泛应用于消防、抢险等场合。

图17-1 云梯

这节课我们学习如何搭建云梯,并将云梯和机器人结合完成相应的任务。

课程目标

1. 搭建机器人。

2. 搭建云梯。

3. 帮助机器人完成任务挑战。

二、知识能量站

平面连杆机构：

升降云梯主要由平面连杆机构的伸缩结构组成。平面连杆机构是由若干构件用低副（转动副、移动副）连接组成的平面机构。最简单的平面连杆机构由四个构件组成，称为平面四杆机构。平面连杆机构广泛应用于各种机械、仪表和各种机电产品中。如图17-2所示。

图17-2　平面连杆机构

三、机器人工厂

机器人搭建：

救援机器人参考模型，如图17-3所示。

图17-3　机器人小车模型

四、任务大挑战

云梯:

1. 场地设置

使用A场地（车库），如图17-4所示。在9号圈中放置一个空可乐罐。

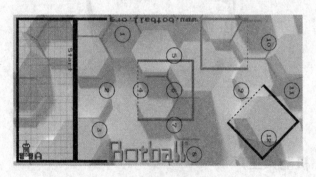

图17-4　A场地地图

2. 完成目标

机器人抓取可乐罐并将其抬起到28厘米的高度。

3. 基本规则

（1）所有的机器人都必须自主运行，不允许使用遥控器、无线通信或者在机器人开始运行之后触碰机器人。

（2）机器人在比赛途中可以驶出场地纸。场地纸外的表面规格（包括尺寸、地毯等）会在各地方赛事的页面上详细列出。

4. 挑战规则

（1）必须确保机器人启动前的位置完全在启动线内侧的垂直投影之后。

（2）可乐罐被抓起并抬升到28厘米后需要至少保持3秒钟。

第十八课　连续运输

一、奇妙世界

我们已经学习了云梯的结构，那云梯在生活中具体怎么应用呢？城市化的过程中崛起了大量的建筑，在建筑过程中许多材料都需要人工搬运，特别是高楼层和低楼层之间的物资搬运需要很多人力，而云梯式升降机装置解决了很多问题，节省了很多人力。

图18-1　建筑云梯

这节课我们就结合云梯搭建一个智能建筑搬运机器人，模拟建筑施工中高低楼层间材料运输的过程。

课程目标

1. 搭建机器人。

2. 搭建云梯。

3. 帮助机器人完成任务挑战。

二、机器人工厂

机器人搭建：

救援机器人参考模型，如图18-2所示。

图18-2　机器人小车模型

三、任务大挑战

连续运输：

1. 场地设置

使用A场地（车库），如图18-3所示。在场地1号和8号的圆圈内分别放置一个空可乐罐，并在12号圆圈所在的车库内放入一个高度不超过15厘米的纸盒。

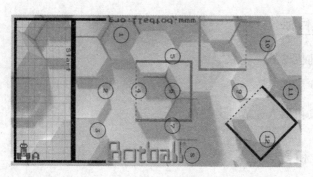

图18-3　A场地地图

2. 完成目标

机器人需要在一次启动中将1号和8号位置上的可乐罐放在丙车库的纸盒上。

3. 基本规则

（1）所有的机器人都必须自主运行，不允许使用遥控器、无线通信或者在机器人开始运行之后触碰机器人。

（2）机器人在比赛途中可以驶出场地纸。场地纸外的表面规格（包括尺寸、地毯等）会在各地方赛事的页面上详细列出。

4. 挑战规则

（1）必须确保机器人启动前的位置完全在启动线内侧的垂直投影之后。

（2）机器人的驱动轮必须完全离开启动区（越过并且与启动区的黑线没有接触）。

（3）可乐罐必须直立放在纸盒上（而非垫子、胶带或者地板的表面）。

（4）机器人不能以任何形式触碰可乐罐，使之保持直立。

第十九课　越过雷区

一、奇妙世界

在许多战乱国家中会散布着未爆炸的各种弹药和地雷。传统的排雷方法是人工排雷，这种排雷方法危险性非常高，很容易造成排雷人员的伤害。扫雷机器人的出现大大减少了排雷工作的危害，提高了排雷的效率。

图19-1　扫雷机器人

这节课我们就用EV3机器人模拟扫雷机器人扫雷的过程并完成相应的任务。

📙 **课程目标**

1. 搭建扫雷机器人。

2. 帮助机器人完成任务挑战。

二、机器人工厂

机器人搭建：

救援机器人参考模型，如图19-2所示。

图19-2　机器人小车模型

三、任务大挑战

连续运输：

1. 场地设置

使用B场地（跑道），如图19-3所示。在Line B及Line C与黑线相交的位置分别放置一个空可乐罐。

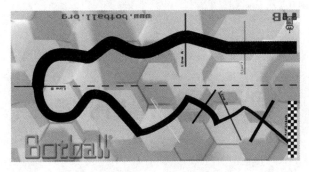

图19-3　B场地地图

2. 完成目标

机器人使用传感器巡线行走，抓取Line C上的可乐罐通过终点且不能以任何方式触碰Line B上的可乐罐。

3. 基本规则

（1）所有的机器人都必须自主运行，不允许使用遥控器、无线通信或者在机器人开始运行之后触碰机器人。

（2）机器人在比赛途中可以驶出场地纸。场地纸外的表面规格（包括尺寸、地毯等）会在各地方赛事的页面上详细列出。

4. 挑战规则

（1）必须确保机器人启动前的位置完全在启动线内侧的垂直投影之后。

（2）机器人必须使用传感器巡线行走、检测障碍物，如果裁判员认为机器人没有巡线行走则可立即对机器人的代码进行检查。

（3）可乐罐的垂直投影完全通过终点线则挑战完成。

第二十课　清扫机器人

一、奇妙世界

随着城市建设的不断发展，城区街道保洁面积增加，不断提高道路清扫质量和环境卫生水平已成为环卫工作的重点。目前，主要通过环卫工人清理街道，但由于城建面积不断扩大，环卫工人的工作负担剧增。街道清扫机器人的出现大大减少了环卫工人的负担，提高了环卫工作的效率。

图20-1　街道清扫机器人

这节课我们就用EV3机器人模拟街道清扫机器人清扫街道的过程。

课程目标

1. 搭建清扫机器人。

2. 帮助机器人完成任务挑战。

二、机器人工厂

机器人搭建：

救援机器人参考模型，如图20-2所示。

图20-2　机器人小车模型

三、任务大挑战

街道清理：

1. 场地设置

使用B场地（跑道），如图20-3所示。在Line A、Line B、Line C、Line D与黑线相交的部分分别放置一个空可乐罐。

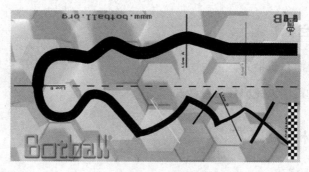

图20-3　B场地地图

2. 完成目标

机器人使用传感器巡线行走，将赛道上的所有可乐罐带回出发点。

3. 基本规则

（1）所有的机器人都必须自主运行，不允许使用遥控器、无线通信或者在机器人开始运行之后触碰机器人。

（2）机器人在比赛途中可以驶出场地纸。场地纸外的表面规格（包括尺寸、地毯等）会在各地方赛事的页面上详细列出。

4. 挑战规则

（1）必须确保机器人启动前的位置完全在启动线内侧的垂直投影之后。

（2）机器人必须使用传感器巡线行走、检测障碍物，如果裁判员认为机器人没有巡线行走则可立即对机器人的代码进行检查。

（3）机器人拿到可乐罐后返回不需要沿线走。

（4）机器人回到启动区后，选手可对机器人复位重启，为下一次启动做准备（计时不暂停）。

（5）机器人不能以任何形式触碰可乐罐，使之保持直立。

（6）所有可乐罐的垂直投影完全在终点线之后则挑战完成。

第二十一课　无人驾驶系统

一、奇妙世界

交通工具狭义上是指一切人造的用于人类代步或运输的装置。在古代，人类驯服一些动物，如马、驴子等作为乘坐工具或乘坐工具的动力（如马车）。直至蒸汽机的出现，人类的交通工具才进入飞速发展阶段，短短数百年，技术也日新月异。

无人驾驶汽车是智能汽车的一种，也称为轮式移动机器人，主要依靠车内以计算机系统为主的智能驾驶仪来实现无人驾驶的目的。

图21-1　无人驾驶系统

它是如何实现的呢？这节课我们就用EV3机器人来实现这一神奇的功能。

📖 **课程目标**

1. 搭建无人驾驶小车。
2. 学习颜色传感器。
3. 帮助机器人完成任务挑战。

二、知识能量站

光电传感器：

光电传感器的范围很广，有最简单的光敏电阻，即光强度的大小改变电阻的阻值，实现对光强度的感知；也有目前最复杂的摄像头。通过光电传感器，机器人可以识别环境光强度、颜色以及与物体的距离等参数。

EV3的光电传感器有三种功能：测量物体颜色、环境光强度、反射光强度。本节课我们通过测量物体颜色模拟无人车在遇到红绿灯时如何做出反应。

图21-2　光电传感器

三、机器人工厂

（一）机器人搭建

无人小车机器人参考模型，如图21-3所示。

图21-3　机器人小车模型

（二）软件编程

循环指令的作用是重复执行程序中的某一段指令，循环指令分为无限循环、有限次数循环、条件循环三种模式。在流程控制模块中，拖动循环指令至开始模块后面，如图21-4所示。

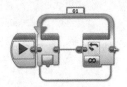

图21-4　循环指令

1. 无限循环

在无限循环模式中，循环内的指令会不断重复执行，循环之后的指令永远执行不到，如图21-5所示。

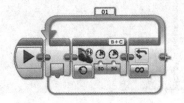

图21-5　无限循环指令

2. 条件循环

条件循环的作用是在某一个条件成立之前将不断重复执行循环内部的指令，条件成立之后将终止循环指令，继续执行循环之后的指令。我们以颜色传感器检测颜色为条件举例，如图21-6所示。

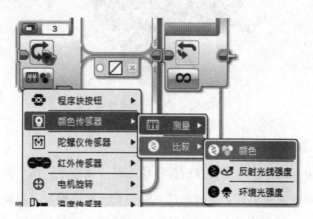

图21-6　条件循环

四、任务大挑战

自动刹车：

1. 场地设置

使用A场地（车库），如图21-7所示。

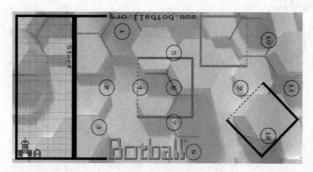

图21-7　A场地地图

2. 技能要求

使用颜色传感器控制机器人在红灯和黄灯前停下（红色积木代表红灯，黄色积木代表黄灯）。

3. 完成目标

机器人从11号圆圈向"Start"线行驶，在"Start"线上准备红、黄、绿三种颜色的积木，随机摆放任意颜色积木。机器人识别到绿色继续向前通行，驶入启动区；识别到红色和黄色后停止在"Start"线上。

第二十二课　有趣的竞技叠杯

一、奇妙世界

竞技叠杯，以前又称史塔克、飞叠杯或速叠杯，英文名称为Sport Stacking。为凸显其运动性，2010年将其中文名称统一为竞技叠杯运动。

竞技叠杯是一项新兴的个人或团体运动，这项运动要求选手要以最快的速度把杯子按规律叠成金字塔状后还原。目前，竞技叠杯日渐流行起来，全球已有超过三万所学校把这项运动列入正规的体育课程。

竞技叠杯运动不仅能帮助人们发展身体技能，如手眼协调性、敏捷性、专注力等，也能增进自信、团队合作等。

图22-1　速叠杯（1-10-1叠法）

这节课我们就用EV3机器人来进行机器人竞技叠杯比赛。

课程目标

1. 搭建无人驾驶小车。

2. 熟练掌握大型电机和中型电机。

3. 帮助机器人完成任务挑战。

二、知识能量站

大型电机和中型电机：

1. 大型电机

内置转速传感器，分辨率高，可实现精确控制。大型电机每分钟转速为160—170转，旋转扭矩为20 Ncm，失速扭矩为40 Ncm（更慢，但更强劲）。如图22-2所示。

图22-2　大型电机

2. 中型电机

内置转速传感器，比大型电机更小更轻，比大型电机反应更迅速。中型电机每分钟转速为240—250转，旋转扭矩为8 Ncm，失速扭矩为12 Ncm（更快，但力量弱一些）。如图22-3所示。

图22-3　中型电机

三、机器人工厂

机器人搭建：

无人小车机器人参考模型，如图22-4所示。

图22-4　机器人小车模型

四、任务大挑战

自动刹车：

1. 场地设置

使用A场地（车库），如图22-5所示。在圆圈1、圆圈5、圆圈7中分别放置一个空可乐罐。

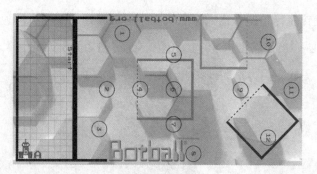

图22-5　A场地地图

2. 技能要求

熟练使用大型电机和中型电机。

3. 完成目标

机器人将圆圈5和圆圈7中的可乐罐移动至甲车库内侧，然后将圆圈1中的可乐罐叠在两个可乐罐之上，并且保证接触两个可乐罐。

4. 基本规则

（1）所有的机器人都必须自主运行，不允许使用遥控器、无线通信或者在机器人开始运行之后触碰机器人。

（2）机器人在比赛途中可以驶出场地纸。

（3）在机器人运行过程中，不允许碰触机器人。

第二十三课　摇一摇

一、奇妙世界

摇一摇在我们的生活当中无处不在。我们拿到一杯饮品时就会摇一摇，这样可以使得饮品里的沉淀物在饮料里更均匀，让饮料喝起来口感更佳。又或者是微信软件推出的一种应用程序，通过摇手机或点击按钮模拟摇一摇，可以识别当前所播放的歌曲。如今摇一摇的形式广泛运用在各种领域。这节课我们就来制作一个能够实现摇一摇功能的机器人。

图23-1　手机摇一摇图标

课程目标

1. 搭建无人驾驶小车。

2. 结合大型电机和中型电机实现摇一摇的功能。

3. 帮助机器人完成任务挑战。

二、知识能量站

大型电机和中型电机：

1. 大型电机

内置转速传感器，分辨率高，可实现精确控制。大型电机每分钟转速为160—170转，旋转扭矩为20 Ncm，失速扭矩为40 Ncm（更慢，但更强劲）。如图23-2所示。

图23-2　大型电机

2. 中型电机

内置转速传感器，比大型电机更小更轻，比大型电机反应更迅速。中型电机每分钟转速为240—250转，旋转扭矩为8 Ncm，失速扭矩为12 Ncm（更快，但力量弱一些）。如图23-3所示。

图23-3　中型电机

三、机器人工厂

机器人搭建：

无人小车机器人参考模型，如图23-4所示。

图23-4　机器人小车模型

四、任务大挑战

自动刹车：

1. 场地设置

使用A场地（车库），如图23-5所示。在圆圈6中放置一个空可乐罐。

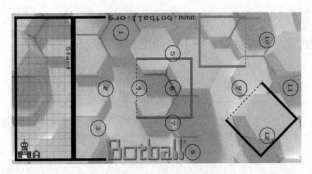

图23-5　A场地地图

2. 技能要求

熟练使用大型电机和中型电机。

3. 完成目标

机器人将圆圈6中的可乐罐拾起离开图纸，然后摇一摇，把可乐罐放下。

4. 基本规则

（1）所有的机器人都必须自主运行，不允许使用遥控器、无线通信或者在机器人开始运行之后触碰机器人。

（2）机器人在比赛途中可以驶出场地纸。

（3）在运行过程中，不允许碰触机器人。

（4）在机器人摇可乐罐的过程中，可乐罐不允许接触地面。

（5）在执行任务过程中，可乐罐不能倒下，否则任务失败。

附　录

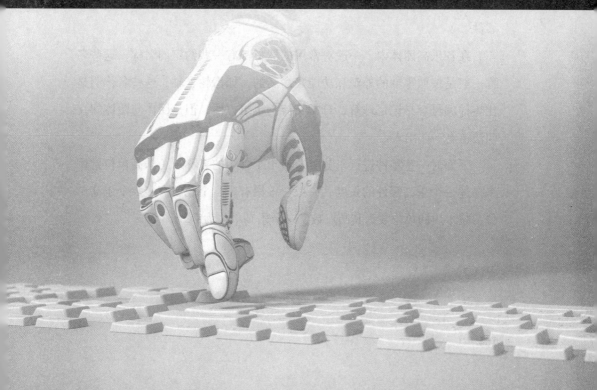

认识零件

零件种类与名称：

乐高零件种类繁多，很多零件外观上又很相似，为了避免混淆，乐高官方给每种零件都设一个编号，例如，蓝色长销的编号是4514553、黑销的编号是4121715。

这些编号就像身份证号一样具有唯一性。这些编码的好处是在不同地区乐高爱好者的交流中不会因翻译、习惯等原因造成对某些特殊零件理解的错误；缺点是编码很难记忆，不形象，很难将编号联系到实际的零件。

在各乐高团体内，一般对常用的器材都有一些约定的名称，这些名称一般是按照零件的外观和功能来命名的，如齿轮、轴，这些名称明显比零件编号容易记忆理解，日常交流上也更方便，但是团体与团体间在叫法上有一些出入。

下面对一些零件进行了分类，给出了常用的名称。（乐高单位常用来描述一个乐高零件的长度，一般一根梁有多少个孔就有多少个乐高单位，技术块的单位数为其凸点数，一个乐高单位为8毫米）

销 类

蓝色长销（摩擦力大）

黄色长销（摩擦力小）

黑销（摩擦力大）

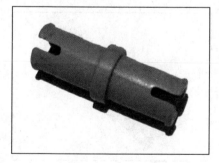

灰销（摩擦力小）

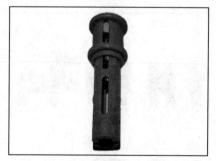

戴帽销（摩擦力大）

蓝色轴销（摩擦力大）

黄色轴销（摩擦力小）

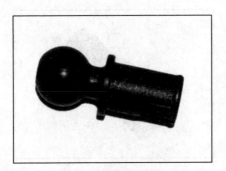

球销（球形段可连接连接杆）

凸点销（一端为凸点）

多销连接器类

双 销

双倍销

4美金

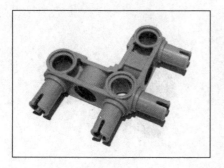

5美金

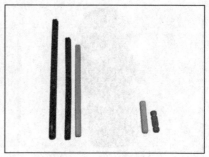

轴类（根据单位敏命名）

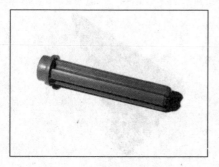

3个单位带凸点戴帽轴

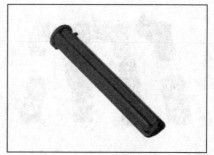

4个单位平端戴帽轴

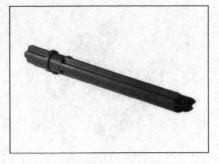

5.5个单位双轴戴帽轴

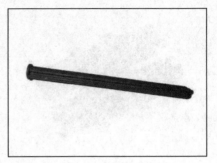

8个单位平端戴帽轴

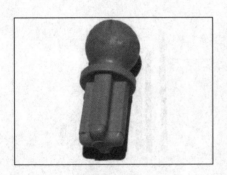

球轴（球形段可连接连接杆）

轴套（轴套和半轴套）

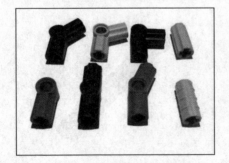

轴连接器类（根据型号命名）

梁类（根据单位敏命名）

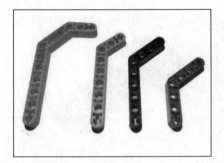

拐角梁类

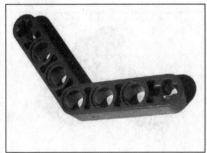

4×4拐角梁

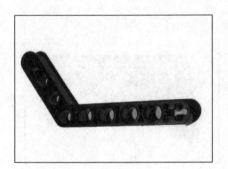

4×6拐角梁

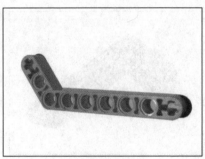

3×7拐角梁

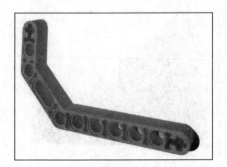

双拐角梁

直角梁类

T形直角梁

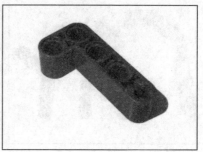

2×4直角梁

3×5直角梁

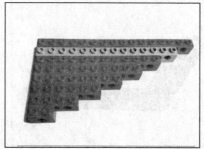

带孔块类（以凸点数量命名　1×凸点数量）

块类（以凸点数量命名　1×凸点数量）

砖类（以凸点数量命名　2×凸点数量）

1×1带孔块

双孔、十字孔带孔块

凸点块类

重量块（较重，内有铅块）

圆块、圆板

单排板类（以凸点数命名）

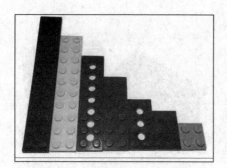

双排板类（以长凸点数命名）

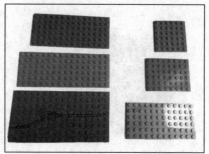

板类（以宽×长凸点数命名）

1×2单凸点板

直角板

铰链板

齿轮类

8齿圆柱齿轮

12齿双斜面轮齿

16齿圆柱齿轮

20齿双斜面齿轮

24齿离合齿轮

24齿圆柱齿轮

24齿冠状齿轮

36齿双斜面齿轮

40齿圆柱齿轮

4齿圆齿齿轮

16齿变速器齿轮

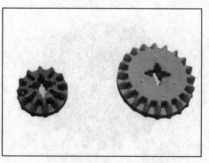

12、20齿单斜面齿轮

大转盘（外带齿面为转子）

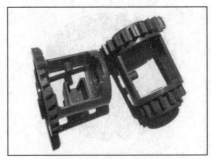

斜面齿、圆柱齿差速器

带孔、直齿条

蜗 杆

轮子类

小实心轮胎

中实心轮胎

大实心轮胎

43.2×22宽轮胎

20×30越野轮胎

26×56越野轮胎

81.6×15摩托轮胎

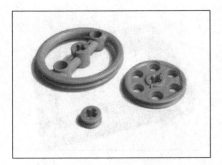

滑轮类（半轴套可用作滑轮）

小滑轮

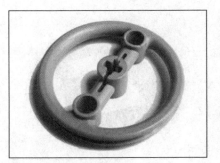

大滑轮

直薄梁类（根据单位敏命名）

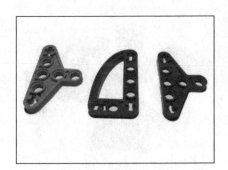

薄梁类

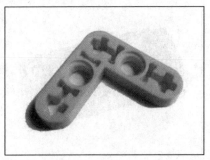

3×3直角薄梁

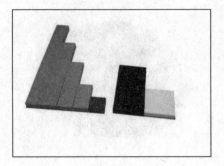

光板类

口形梁

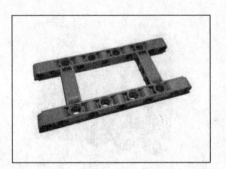

梯形梁

口形技术块

板梁

连接器类

单轴T形连接器

单轴单孔连接器

三向三孔连接器

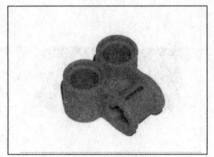

双孔单轴连接器

双向双孔连接器

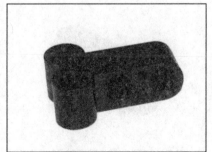

双孔双轴连接器

双轴连接器

同向单孔单轴连接器

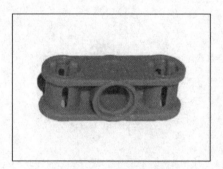

正交双轴双孔连接器

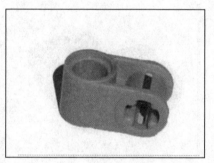

正交三孔单轴连接器

正交单孔单轴连接器

正交双孔单轴连接器

连接臂

销连接器

宽链条

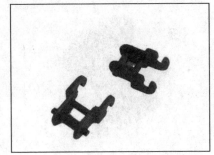

细链条

2×4×7变速箱

变速齿轮连接器

拔 插

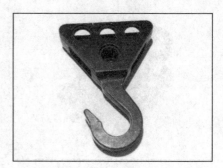

吊 钩

绞 盘

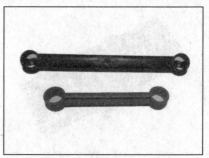

连接杆

扇 叶

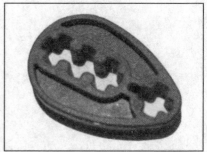

凸 轮

万向节

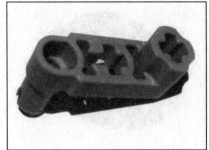

摇 柄

橡皮筋

履 带

凸点转盘

EV3转盘

宽链条驱动轮

M马达

E马达

电池盒

能量表

太阳能板

Wedo大脑

Wedo光电传感器

Wedo倾斜传感器

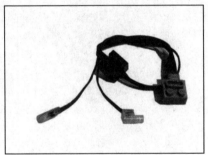

LED灯珠

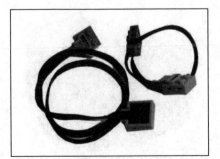

Wedo延长线

NXT转接线

数据线

EV3下载线

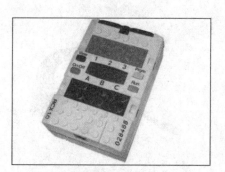

RCX（第一代控制器）

NXT（第二代控制器）

EV3（第三代控制器）

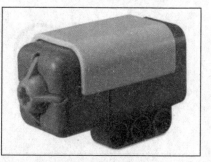

NXT触碰传感器

NXT光电传感器

NXT声音传感器

NXT超声波传感器

NXT颜色传感器

NXT陀螺仪传感器

NXT马达

EV3触碰传感器

EV3颜色传感器

EV3陀螺仪传感器

EV3红外传感器

EV3超声波传感器

EV3红外信标

EV3小马达

EV3大马达

套轮、深槽滑轮

轴承板